Inquilaab

Noujawano ko Islam ki talwaar

MD Saif Ali

ISBN 978-93-5667-860-6
© MD Saif Ali 2023

Published in India 2023 by Pencil

A brand of
One Point Six Technologies Pvt. Ltd.
Unit no. 26, Ground Floor, Building A1,
Wadala Truck Terminal Road,
Near Post Office, Antop Hill, Mumbai - 400037
E connect@thepencilapp.com
W www.thepencilapp.com

Author biography

Mera naam md saif ali hai or mai ek chote gharaane se aata hu.

Maine apni matric apne state board se complete ki or fir mai engineering karne ke liye Maulana Azad National Urdu University aaya or wahaan se B tech complete ki.

Mujhe shaayri ka bachpan se should thaa lehaza apne khali waqt me shayri likha karta tha.

CONTENTS

Insaaf

Contents.

Hisaaye awwal {Nazm}

Hissaye awwal Nazm.

1 Inquilaab..

Har ek fikr se takraayegi ek din .

Ye koum soyi hai isko jagaayegi ek din.

Hamaari fitrat me hai inquilaab.

Ye moujeza bhi kar dikhayegi ek din.

Parchame deen bhi is shaan se Lahraayegi ek din.

Akaamate deen hai wo khwaab hamaara.

hamen yakeenn hai ki wo khwaab bhi bar aayegi ek din.

Har ek fikr me tahreer baraabar sab ki .

Hum ek koum hai saifi.

zamaane bhar ke nigaaho me asar layegi ek din.

2. Khilaafat

Shamshe purnoor ke dhal jaane ke baad.
Bazme touheed ko Bu-bakr mile.
Leke shamsheer jo Faarook uthe.
Khutbaye Bu-bakr mile.

Kya khilaafat hai jo har kaam ko asaan kare.
Aur kuch bhooko ko insaan se haiwaan kare.

Ye haqeeqat hai ki taazeem hai mimbar ka makaam.
Ye bhi laazim hai ki siddeeq ho is dar ka imaam.

Kabzaa karne ke liye aaj pareshaan hai sab.
Ek masjid ki hifaazat pe nigehbaan hai sab.
Masjide sirf namaazo se bhari rahne do.
Aur qaanoone khuda-wand padi rahne do.

Qatl tumne kiye Usmaano—Umar.
Fir khuda kyu kare rahmat ki nazar.

Haa ye aasaan hai insaan faraamosh rahe.
Baadshaahi me yazeedi ke bhi khaamosh rahe.

Inquilaab

Kyaa khataa hai nhi shamsheer se baate karna.
Waqt ke sachhe khalifa se baghaawat karna.

Chaal chal-chalke siyaasat karke.
Aur talwaar se khidmat karke.

Kyaa na kahduu ke siyaasat kyaa hai ?
Tere seene me wo chaahat kyaa hai ?

Jabse aadam ko farishto ne kiyaa hai sajdaa.
Tabse insaano ki fitrat me jhalaktaa hai khudaa.

Kya hai qaanoone khuda jabke hai insaan yahaa.
Koi dushman naa mile jab hai musalmaan yahaa.

Inse puche jo sawalaat to dar jaate hai.
Puchne waale bhi chand roz marr jaate hai.

Wo bhi ek waqt thaa jab khutbe pe Faarook ruke.
Ek chaadar ke liye Faatahe-Yarmook ruke.

Deen ghaalib ho yahaa ye bhi nidaa dete ho.
Aur tum sabb ko bhi tankeed bataa dete ho.

Tum sahaaba ko sahaaba se ladaa dete ho.
Aur Ammi ko bhi dhoke se bulaa lete ho.

Aur chalaaki se naaraa bhi lagaa dete ho.

Inquilaab

Ho khilaafat ka nizaam ye bhi sadaa dete ho.

Naa shiaa banke tujhe khuld mile.
Naa to sunni ko mile baaghe-bahisht.

Sirf Jannat hai Musalmaa ke liye.
Sab ibaadat hai bas khudaa ke liye.

Baat kadwi hai magar peshe nazar rakh lena.
Apne kirdaar me lafzo ka asar rakh lena.

3. Iblees kahtaa hua....

Kahke iblees yahaa apne meherbaano se.
Saare insaano ki taameer ho maikhaane se.

Zulme behad ka shiraaza na bikhar jaaye kahii.
Beech tufaa se musalmaa na nikal aaye kahii.

Sholaye-naar se duniya ko munawwar kardo.
Farz insaano pe shaitaa ki ibaadat kardo.

Nasle insaani ki aabaadi ko barham kardo.
Unko khinzeer ke aslaaf ke paiham kardo.

Sabse pahle to sahaara hai noujawaano se.
Aur fir mai ki talaafi hui maikhaane se.
Husn waalo ki adaaye badhi deewaano se.
Behayaayi ka taqaaza hai musalmaano se.

But-parasto se nhi hum to magar.
Humto har shar me chupe rahte hai.
Hai wahi sabse bada meraa ameer.
Humto mimbar me chupe rahte hai.

Inquilaab

Jism se khoon nikaaloge agar.

Pooraa insaan hi mar jaayega.

Isme tarkeeb yahi hai ki lahoo apna rahe.

Aur chahre se musalmaan nazar aayega.

Inke mardo ke karo dil murdaa.

Ho kahii inme naa Moosa paida.

Kuch hai nadaan jo lad jaate hai.

Shirk sunte hi bigad jaate hai.

Jab bhi maidaan me add jaate hai.

Laakho iblees pichad jaate hai.

Inke jaane pe magar humto machal jaate hai.

Bazme Touheed ke paimaane badal jaate hai.

Nounawaano ki miyaaro se amal jaate hai.

Shamsh touheed ke toofaan me dhal jaate hai.

Par wo toofaan utha sakta hai.

Sholaa har dilme jalaa saktaa hai.

Ho agar dilme kahi ishke mohammad paida.

Fir yahaa Haidare-karraar banaa sakta hai.

Gunaahe zindagi abtar nhi iblees.

Koi insaan ka hamsar nhi iblees.

Humto shaitaan hai insaano ko bahkaate hai.

Inquilaab

Kyu ye nadaan hai baato pe bahak jaate hai.

Humne daawat hi diyaa tha naake jurrat ki thi.

Tumne kyukar mere baato ki itaat ki thi.

Ab to role ki tujhe naar-talak le aaye.

Hum tujhe khwaar-talak le aaye.

Bahre-zulmat hai mera naam ki mai hu iblees.

Mujhko gaano se mohabbat hai ki mai hu iblees.

Qatle-naahaq se hazaaro ko tahe-naar kiya.

Be-hayaayi ko har ek aankh me hamwaar kiya.

Dekhlo aaj ki duniya me hai mai peena haraam.

Khoon-insaano ka halaal hai par.

Maalo-Doulat ko chale khaan Siyahkaari me.

Bech khaate hai ye imaan Adakaari me.

Koume-muslim se na aayegaa agar rahbarebad.

Kaise bahkenge jawaa jab naa ho muslim ki sanad.

Ye to bas chaal ke sikke hai inhe haarenge.

Isi duniya me inhe khwaar bhi kar daalenge.

Qaabile-gham hai mera kaam ke mai hu iblees.

Mujhko shohrat se mohabbat hai ki mai hu iblees.

4.Sou me sattar Aadmi..

Sou me sattar aadmi filhaal jab naa-shaad hai.

Dil pe rakhkar haath kahiye desh kya aazaad hai.

Mulk me insaaf ke halaat hai zero-zabar. Aur ahle-fikr pe
ilzaam laa-tadaad hai.

Dil pe rakhkar haath kahiye desh kya aazaad hai.

Sou me sattar aadmi filhaal jab naa-shaad hai.

Dil pe rakhkar haath kahiye desh kya aazaad hai.

Zor hai shamsheer ka aur zulm ke aasaar hai.

Is badi mushkil me chaaro simt se fariyaad hai.

Dil pe rakhkar haath kahiye desh kya aazaad hai.

Sou me sattar aadmi filhaal jab naa-shaad hai.

Dil pe rakhkar haath kahiye desh kya aazaad hai.

Ab-to sarkaaro se darne me bhalaayi hai yahaa.

Jo zabaa kholegaa uski zindagi barbaad hai.

Dil pe rakhkar haath kahiye desh kya aazaad hai.

Sou me sattar aadmi filhaal jab naa-shaad hai.

Inquilaab

Dil pe rakhkar haath kahiye desh kya aazaad hai.

Gham nhi hai sog hai ab-to dile-betaab ko.
Kyuki jo khoyaa hai hamne wo badaa nayaab hai.
Dil pe rakhkar haath kahiye desh kya aazaad hai.

Sou me sattar aadmi filhaal jab naa-shaad hai.
Dil pe rakhkar haath kahiye desh kya aazaad hai.

Noujawaano ko milegi noukri sarkaar se.
Dekhle wo waqt bhi ye dil mera betaab hai.
Dil pe rakhkar haath kahiye desh kya aazaad hai.

Sou me sattar aadmi filhaal jab naa-shaad hai.
Dil pe rakhkar haath kahiye desh kya aazaad hai.

Is zamee se ek din to aayegi saifi sadaa.
Ye kahegaa koi hindustaan zindaabaad hai.
Dil pe rakhkar haath kahiye desh kya aazaad hai.

Sou me sattar aadmi filhaal jab naa-shaad hai.
Dil pe rakhkar haath kahiye desh kya
aazaad hai.

5. Ek inkaar se..

Ek inkaar se duniyaa Tu badal detaa hai.
Tu Azaazeel ko laanat ka shugal detaa hai.

Fir jo shaitaan ne sajde se kinaara tha kiya.
Uski jurrat pe bohut humko hui hairaani.

Sochta-hu ki wo inkaar to ek baar ka thaa.
Hum to barso se kiye jaate hai naa farmaani.

Baat ye hai hi nhi sar ko jhukaaye koi.
Baat ye hai ki hukam uskaa bajaaye koi.

Rabne Aadam ko jo masjood ka rutba dekar
Ye bataana tha ki mitti hai naar se bahtar.

Kaash ye baat samajh jaata jo shitaane laaeen.
Aag fir khaak ka dushman na jahaa me
hota.

6. Chod de…

Chaand ki tarhaa chamaknaa chod de.
Mushk ki tarha mahakna chod de.

Shamsh banjaa jisse roushan ho jahaa.
Dusron ko dekh jalnaa chod de.

BaIth-kar taare na gin akaash ke.
Ek sitaara paas laakar chod de.

Mat udaa uski hasii aye be khabar.
Raat ke jugnu ko tanhaa chod de.

Jis gali me tujhko izzat na mile.
Us gali me aana-jaana chod de.

Koi duniya me ho jab ghamgeen tab.
Rozo-shab Tu muskuraana chod de.

Jab nhi taaqat jahaalat se lade.
Ungliyaa unpar uthaana chod de.

Himmate mardaa nhi to kuch nhi.

Inquilaab

Qatl ke fatwe lagaana chod de.

Deen jabtak aaye naa ghaalib yahaa.
Dahr me Tu saans lenaa chod de.

7. Imaan...

Har buraayi se guzar kar dekhaa.
Humne jannat ka bhi manzar dekhaa.

Kuch bhi haasil naa hua.
Sahibe manzil naa hua.

Kitne raato ko jagaaya humne.
Kitne khwaabo ko basaaya humne.

Haath aayi to faqat mazdoori. Meri duniya ki yahi
majboori.

Kyaa na fir bechtaa but patthar ke.
Kyu naa insaa ki ibaadat karke.

Ye naa kahna ke pareshaa karke.
Kyaa na puchegaa wo afshaa karke.

Sabko maidaan me jamaa karke.
Apni haibat ko aasnhaa karke.

Inquilaab

Kya musalmaa ko bhi ye baat bataana hoga.
Khuld hai naar bhi hai ye bhi dikhaana hoga.

Gar che maaloom hai fir rukh se jhalaktaa kyu nhi.
Tere kirdaar se duniyaa ye mahaktaa kyu nhi.

Baat kadwi hai magar hum pe nishaa baaki hai.
Hamaare kaano me mayyit ki azaa baaki hai.

Fir bohut chain se sone ka mazaa aayega.
Tere amaal pe jab waqte aazaadi aayegaa.

Gham bhi mar jaayegaa insaan jo mar jaayega.
Kaam aaraam se shaitaan bhi kar jaayegaa.

8. kya mureedo ne…

Kya mureedo ne mohabbat karke.
Apni ulfat se bghaawat karke.

Raat kaati na ibaadat karke.
Sirf peero hi ki khidmat karke.

Tumne sochaa ki yahi bahtar hai.
Zindagi bhar ka yahi manzar hai.

Kyaa na puchegaa ye rizwaan musalmaano se.
Koi aashiq nhi Allah ke maikhaane se.

Baaghe jannat ka nigehbaan koi hai ki nhi.
Koume muslim me musalmaan koi hai ki nhi.

Saare aa jaaye idhar jo hai muhammad ke ghulaam.
Jinki nazro me fakat haq ka bhara ho paighaam.

Ilm kaamil hi nhi mahwe amal hone tak.
Rab to milta hi nhi saahibe dil hone tak.

9. Ramzaan...

Aaya ramzaan hai khushiyon me hai dooba aalam.
Har taraf khushiyaan hai or jhum ke kahte hai gham

Ye ghareebo ka mahina hai zamaana sunle.
Sab me mil-baant ke khaana hai zamaana sunle.

Saare shaitaan hue qaid hai shaitaano me.
Aur kuch bach gaye chupte hai jo Insaano me.

Kya faqeer aur sakhi saare baraabar hokar.
Milke iftaar kare saare ikatthe hokar.

Sabse kahta hua ye jhum ke Haali jaaye.
Dar se khaali na kahi koi sawaali jaaye.

Masjide khaali nhi aur ibaadat ka hai shor.
Naa hi doulat ka asar aur na taaqat hi ka zor.

Aur taraaweeh ke chande ko uthaane ke liye.
Saare bechain hai quraan sunaane ke liye.

10. Eid ka din…

Wo eid ka din aur wo biryani banaana.
Aur saath me jo meethe sewaiyya bhi hai khaana.

Khushiyon ko lutaane ka jo milta hai bahaana.
Bachho ke saath eid ki eidi bhi lutaana.

Kyaa chote-bade saare hi khushiyon me magan
hai.
Ghar ghar nhi lagta hai ki gulzaare chaman hai.

Daada se mohabbat ka jo izhaar kare.
Daadi se wo bachhe bhi bohut pyaar kare.

Fir eid-gaah jaake ibaadat me kho gaye.
Bande khudaa ke saare musalmaan ho gaye.

Rounak thi jo ek chote se mele ki wahi par.
Kuch khel khilone bhi mayassar the wahi par.

Inquilaab

Fakeero ke saf ka ajab haal saifi.
Sabhi zindagi se hai badhaal saifi.

Badalna nhi chaahate khud ko saare.
Kahe rab hamaare mqaddar sanwaare.

Nawaazish karam Or inaayat ki had hai.
Jo pichle baras tha wahi dast ab hai.

Ke sab the namaazi achanak hua kyaa.
Ke jaaga tha insaan ab so gayaa kya.
Safe puchti hai namaazi kahaa hai.
Jo din raat aate wo ghaazi kahaa hai.

11. Tujhme kuch baat to hai..

Tujhme kuch baat to hai tab hai ye afsaanaye gham.
Ek takhleeq pe kyu kar hai khudaa mahwekaram.

Paarsaayi hai tere ishq me anjaam me gham.
Tu kabhi qoume samooda hai kabhi qoume iram.

Teri takhleeq se aaghaaz hue zulmo-sitam.
Aur maabood bane fir yahaa mitti ke sanam.

Dekh duniya ke nazaaro ko tere bahke qadam.
Kya tere saath khade honge kabhi shaahe umam.

Jab ke rakhha hi nhi tune yahaa paase-qasam.
Fir khuda kyu kare is khaak ke putle pe raham.

Koi manzil hi nhi jab naa ho jazbe baaham.

Inquilaab

Lashkare kufr me kis tarha se gaade gaa alam.

Teer afkaar teri or hai shamsheer nazam.
Ilm hai dhaal teri or hathiyaar qalam.

12. koun rakhta tha..

Koun Allah ki itaat ka hunar rakhta thaa.
Koun quraan ke raste se guzar rakhta thaa.

Koun shaitaan ke seene me kahar rakhta thaa.
Koun udne ke liye ilm ke par rakhta thaa.

Koun taareekh ke panno pe nazar rakhta thaa.
Koun maidaan me Siddeeq-o-Umar rakhta
thaa.

Koun raato me bhi Allah ka darr rakhta thaa.
Koun bazaaro me bhi neechi nazar rakhta thaa.

Koun insaa ke liye khoone-jigar rakhta thaa.

Hai bhala koun agar bandaye-razzaak nhi.
Khoufe-khaaliq jo nhi tu isliye be-baak nhi.

13. Marhale shouk ke dushwaar hua karte hai..

Marhale shoul ke dushwaar hua karte hai.
Aur kuch ishq me beemaar hua karte hai.

Loot lete hai wo bazaaro me dil waalo ko.
Jab bhi wo mahwe-guftaar hua karte hai.

Jinko aata hai mohabbat ka hunar duniyaa me.
Wahi-to saahibe-kirdaar huaa karte hai.

Waqt aata hai to apne bhi bhulaa dete hai.
Ishq me aise bhi kya yaar hua karte hai.

Qatl ke daag hai laakho ke girahbaano me.
Aur bas kuch hi giraftaar hua karte hai.

Bech-khaate hai jo quraan ki aayaato ko.
Bas yahi log hai jo khwaar huaa karte hai.

Chot khaaye to hazaaro ke udaate hai sar.
Aur kuch aise bhi laachaar hua karte hai.

Baadshaahi-ye-yazidi me bhi ailaan kare.

Haa wahi Meesam-e-Tammaar hua karte

hai.

14. Touheed..

Tumne Touheed me duniyaa ki milaawat bhar di.
Chod kar usko jahaa bhar ki Ibaadat kar di.

Tumne patthar ko bhi sajdo ke jagah par rakkhaa.
Baaz tum aaye nhi qabr pe fir sar rakkhaa.

Kyaa "Muhammad" ne isi din ki imaamat
ki thi
Kya sahaaba ne tumhi jaiso ki chaahat ki
thi.

Hai kahaa aaj zamaane me imaamat saifi.
Bas namaazo me munawwis hai ye masjid ke imaam.

Kitne mazloom hai ye koum ne paala hai inhe.
Ghar bhi rozi bhi diya aur ujrat ne sanbhaala hai inhe.

Fir kahe humse ke kaisi ye pareshaani hai.
Haq bayaa kaise kare humpe na-asaani hai.

Thik hai bat ye achhi hai ki Aalim ho tum.

Par na zamaane ko sudhaara to zaalim ho tum.

Qatl insaan ka insaan kahaa kartaa hai.

Shirk Allah ka nadaan kahaa karta hai.

Kya buraa thoda buraa hota hai.

Jurm bhi chotaa badaa hota hai.

Teri marzi hai bhalaa maan-na-maan.

Rab ke miyaar me gunah to gunah hota hai.

Par ye aasaan nhi "Nooh" ka toofaan mile.

Jazbaye "Musaa" mile ishq ka maidaan

mile.

15. Milte hai khaak khaak me..

Milte hai khaak khaak me jab gham na ho azeez.
Parde ka ahtemaam zaraa kar.

Minbar se But-farosh ka ailaan zara kar.
Tu Teghe-be-niyaam zara kar.

Qatle Hussain Qatle payambar to nhi hai.
Tu sharm ka maqaam zara kar.

Mil jaayega khudaa se teraa kaarwaa saifi.
Shabbir ko imaam zara kar.

16. Sabre Ayyuub nhi..

Sabre "Ayyub" nhi ulfate "Daawood" nhi.
Koi "Injeel" nhi aur hai "Zaboor" nhi.

Koi "Firoun" hai "Hamaan" na "qaaroon"
koi.
Jabke "Musaa" hi nhi aur hai "Haarun" nhi.

Jag me "Ishaaq" nhi aur hai "Yaqub" nhi.
Koi is khaak me Allah ko mehboob nhi.

Apne haalaat Musalmaan ko maloom nhi.
Ilme-dee ilme-jahaa ilme-an-nujoom nhi.

Saf me "qanbar" bhi nhi aur hai "Saffdar" bhi nhi.
Daare "Meesam" bhi nhi "MaalikeAshktar" bhi nhi.

Koi Haq par bhi nhi aur "Bahattar" bhi nhi.
Shikwao-naalao-Fariyaad mayassar bhi nhi.

17. Hum chaahe to..

Hum chaahe to insaan ko insaan banaa de.
Hum chaahe to duniya ko musalmaan banaa de.

Hum chaahe to sahraa ko bhi Gulzaar banaa de.
Hum chaahe to raato ko bhi anwaar bana de.

Hum chaahe to har simt naye phool khilaa de.
Hum chaahe to har bazm ki rounak ko badhaa de.

Hum chaahe to fir arsh ki zanzeer hilaa de.
Hum chaahe to mashrik ko bhi maghrib se milaa de.

Hum chaahe to "Aadam" ki tarah roke dikhaa de.
Hum chaahe to Allah ki rahmat ko jahaan de.

Hum chaahe to zaalim ki hukumat ko hilaa de.
Hum chaahe to "Shabbir" sa gardan bhi kataa de.

Hum chaahe to islaam ka duniya me Alam ho.
Hum chaahe to Baatil ki jahaalat bhi khatam ho.

Hum chaahe to Qaabe ke azaano ka bharam
ho.
Hum chaahe to fir khaak me Duniyaa ke sanam ho.

Hum chaahe to taqdeer hamaari ye qalam ho.
Hum chaahe to fir Tegh hamaari ye nazam ho.

Hum chaahe to "Firoun" ke bekaar sitam ho.
Hum chaahe to fir duniya me "Musaa" ka janam ho.

Hum chaahe to fir Ishqe"Muhammad" ko jagaa de.
Hum chaahe to fir rait me me paaon ko jamaa de.

Hum chaahe to dariyaao me fir doud lagaa de.
Hum chaahe to sahraa me bhi insaan basaa de.

Hum chaahe to arbo ki hukumat ka silaa de.
Hum chaahe to douzakh me unhe ghar bhi dikhaa de.

Hum chaahe to fir Hooro ka waada bhi milega.
Hum chaahe to fir humko ziyaada bhi milega.

Hum chaahe to "Balban" ki hukumat ko mitaa
de.

Hum chaahe to "Taataar" ko ungli pe nachaa de.

Hum chaahe to fir "Rome" ko deewaana bana
de.
Hum chaahe to "Iraan" ke laptop ko bujhaa de.

Hum chaahe to But-khaane me jaakar ke azaa de.
Hum chaahe to But-khaana musalmaan banaa
de.

Hum chaahe to Duniyaa ki hukumat ko masal
de.
Hum chaahe to Islaam ke paimaane badal de.

Hum chaahe to Suraj ko bhi sajde ka hunar de.
Hum chaahe to andhe ko Hidaayat ki nazar de.

Hum chaahe to har firke ki taaleem dabaa de.
Hum chaahe to is zulm ki fir unko sazaa de.

Hum chaahe to firko ki dukaane bhi jalaa de.
Hum chaahe to "injeel" ko "quraa" se milaa de.

Hum chaahe to "iisaa" ko bhi"Musaa" ko bula de.
Hum chaahe to fir saare Rasulo se milaa de.

Hum chaahe to fir saare shaheedon ko sadaa de.
Hum chaahe to "Shabbir" ki Taaqat bhi dikhaa de.

Hum chaahe to chup-chap bhi har baat bataa de.
Hum chaahe to fir raaz se pardaa bhi uthaa de.

Hum chaahe to paighaame-muhammad ki nidaa de.
Hum chaahe to Europe ki taaleem jalaa de.

Hum chaahe to har shirk ki deewaar giraa de.
Hum chaahe to Taaleem ko quraan padhaa de.

Hum chaahe to fir Aag Jahaazo me Lagaa de.
Hum chaahe to Dariyaao me ghode bhi chalaa de.

Hum chaahe to fir waadiye-siinaa se guzar ho.
Hum chaahe to fir Toor pe "Musaa" ki nazar ho.

Hum chaahe to fir Beech se dariyaa ko hataa de.
Hum chaahe to "Firoun" ko fir usme dubaa de.

Hum chaahe "Sulaimaan" ko Sultaan banaa de.
Hum chaahe to Jinnaat ko qadmo me jhukaa de.

Hum chaahe to "Yusuf" ko shahe-misr banaa
de.
Hum chaahe to fir Husn ke andaaz dikhaa de.

Hum chaahe to fir Naar ko gulzaar banaa de.
Hum chaahe " Biraaheem" ko jalne se bachaa de.

Hum chaahe to "Namrood" ko fir iski sazaa de. Hum
chaahe to Machhar se ise khaak banaa de.

Hum chaahe to duniyaa me sabhi kaam banenge.
Hum chaahe to fir maikadao jaam banenge.

Har shai pe ikhtiyaar-e-baa-kmaale khuda hai.
Hotaa hai bas wahi ke jo marzi Khudaa ki hai.

18. Aye khuda hum to tere Deen se ghaafil hokar..

Aye khudaa hum to tere Deen se Ghaafil hokar.
Bhool baithe hai tujhe Duniyaa me shaamil hokar.

Naa namaazo ki fikar hai naa hi sajdo ka junuu.
Tere maikhaane ka ab koi talabgaar nhi.
Is khataa ka bhi khudaa koi sazawaar nhi.

Mai gilaa kisse karu koi to fariyaad sune.
Gham ka maara hu meri koi to roodaad sune.
Jis tarah tune "Sulaimaan" ko taaqat di thi.
Wo ataa humko bhi karde to maharbaani ho.

Kyu nhi ishq ka anjaam zaruri to nhi.
Maye-toheed ka paighaam zaruri to nhi.

Nek-insaa me teraa naam zaruri to nhi.
Past hone ke liye kaam zaruri to nhi.

Tune-khud Khud ko naa janaa ke bhala koun hai tu.
Hai tu " Musaa" bhi kahi aur hai "Firoun" bhi

tu.

Tu kabhi "Maalike-Ashtar" bhi hai Moulaayi bhi.
Aur tu Saahibe-khanjar bhi hai balwaai bhi.

Tu "Biraaheem" bhi aur jazbaye-imaan bhi hai.
Aur "Namrud" bhi hai waqt ka shaitaan bhi
hai.

Mile waabastagi tujhko khalilullah ke dar se.
Farishte bhi tujhe sajdaa kare Allah ke darr se.

Jo raahe haq ki khaatir tu fanaa ho jaayega saifi.
Hifaazat Rab karega teri har shaitaan ke shar se.

19. Pataa chalegaa tujhe..

Ye Raaz kya hai ise be-naqaab kar to sahi.
Pataa chalega tujhe qabr me utar to sahi.

Badaa gumaan hai tujhko tumhaari taaqat par.
Aqad ke chalta hai tu apni shaano-shoukat par.
Jahaan waalo pe fir zulm beshumaar kiyaa.
Khuda ke bando ko tune zaleelo khwaar kiyaa.

Kidhar ko jaata hai ek pal ko tu thahar to sahi.
Pataa chalegaa tujhe qabr me utar to sahi.

Hazaar tune banaaye the Butt zamaane me.
Guzaar daali jawaani sharaab-khaane me.
Buraai aam kiyaa aur na kuch khayaal kiya.
Khudaa ke Hukm ko har waqt paayemaal kiyaa.

Khayaal hogaa tera ek-baar Marr to sahi.
Pataa chalegaa tujhe qabr me utar to sahi.

Khudaa se Husn ka tohfaa jo tere naam raha.
To be-hayaayi ka duniyaa me tu imaam rahaa.

Jahaa me jism ka soudaa tumhaara kaam rahaa.
Haa teri zaat azazeel ka ghulaam rahaa.

Ke paarsaayi ke raste se tu guzar to sahi.
Pataa chalegaa tujhe qabr me utar to sahi.

Ke ek-din to tere Saamne Qahar hogaa.
Ke Rooh kheenchne waale se tujhko darr hogaa.
To fir taweel teraa raah me safar hoga.
Musibato ke samandar se jab guzar hogaa.

Kahegaa tujhse wo jab kar idhar nazar to sahi.
Pataa chalegaa tujhe qabr me utar to sahi.

Jo chaahta hai ki jannat me teraa naam rahe.
Khudaaye Musaa bhi tujhse bhi ham-qalaam rahe.
Ke aasmaano se uunchaa tera payaam rahe.
Khudaa ke Deen ka ghaalib yahaa Nizaam rahe.

To fir zameen pe tu Nek-kaam kar to sahi.
Pataa chalegaa tujhe qabr me utar to sahi.

20. Mout..

Ye socha ki mai raat ko so gaya.
Bhalaa ye mere saath kya ho gaya.

Mujhe jab kisi ne sulaaya nahi.
Kya hairat kisi ne banaya nahi.

Achaanak ye kisne ye kya kar diya.
Mujhe is jahaa se juda kar diya.

Mere ahl ko kyu khafaa kar diya.
Jo waada tha usko wafaa kar diya.

Yakinan mujhe ab yaki bhi na tha.
Ke aalamko ko maine juda kah diya.

Meri zindagi me nayi baat thi.
Andhere me wo qabr ki raat thi.

Ajab tha zara bhi ujaala na tha.
Koi mere pechaan waala na tha.

Inquilaab

Achaanak se koi nazar aa gaya.
Wo dhire se badhkar idhar aa gaya.

Meri rooh ne chikhkar ye kaha.
Hai kitna bura tera chahra bhala.

Kiya usne mujhpar kulhaadi se waar.
Mujhe kar diye usne tukde hazaar.

Mujhe maar kar wo bohut khush hua.
Jawaaban ye mujse wo kahne laga.

Tujhe deen par tha bulaaya bohut.
Nabi tere anjum me aaya bohut.

Tujhe maar dala hai shaitaan ne.
Ke paayi jahannam hai insaan ne.

Tujhe apne anjaam se dar na tha.
Khuda hi ke paighaam se dar na tha.

Ke rota hai ab tu bhala q bata.
Ye shuruwaat hai hai kahaa intehaa.

Bagal me kisi or ka kabr tha.
Sunata hu uski tumhe daastaa.

Wo tha ek momin, mujahid, wali.
Mukaddar tha uski nigaahe khudi.

Bade sang rezo me ghir kar maraa.
Na khaaya haraam usne bhuka maraa.

Khuda ki itaat pe chalta tha wo.
Zamaane ki lapto me jalta tha wo.

Nahi apni shadi me kharcha kiya.
Zamaane ko wo dekh tarsa kiya.

Namaazo ki paabandiya bhi to thi.
Ghulami ki aazaadiya bhi to thi.

Khuda usko har haal me yaad tha.
Akamat ka sapna bhi aabaad tha.

Likhe jaa raha tha nazam pe nazam.
Hazaaro hi usne the tode qalam.

Chaman me akela mahakta raha.
Andhero me tanha chamakta raha.

Achanak koi tod kar le gaya.
Shahadat ka rutba use de gaya.

Mila usko dono jahaano me naam.
Khuda ke farishto me charcha hai aam.

Khuda ne use surkhru kar diya.
Ke firdous me mustafa de diya.

21. Shaadi..

Thi ijaazat kuch na lekin, humne apnaaya bohut.

Jitni thi paabandiya humne to suljhaaya bohut.

Aaye na jabtak baraat ho nhi sakti hai shadi,

Chaar-sou dulha ke saath ho nhi sakti shadi.

Fir jhamela or hai haldi bhi hai mehndi bhi hai,

Tum bachoge kis tarah ammi bhi hai fuffi bhi hai.

Or fir abbu kahenge kitni mai shafkat bharu, Tum batao
kitne me bete ka mai sauda karu

Jaan chudwa kar ke nikloge waha se tum agar.

Fir zamaane ki nigaho ki hai jo tumpar nazar.

Ye kahenge sab ki shadi me bulana tum zaroor,

Kya kahoge sookha sukha shaadi karta hu huzoor.

Fir tumhara dost jo wo bhuk se bezaar hai,

Kitne barso se na khaya hai bada bimaar hai.

Inquilaab

Or fir gaane ka chakkar raat-bhar sona nhi,
Mar gaye hum khwaab lekar fir kahe rona nhi.

Saare shaitano ko dawat apni shadi me diya.
Ho gyi allah ki fir rahmate humse juda.

Ab mujhe gham hai ki mujhse ho gyi kaisi khata.
Kya khuda. Bakhse ka mujhko ye khata be nihaa.

Ab pareshaani se meri zindagi bedaar hai.
Rahmate rab ki nhi hai saath mere khaar hai.

Fir dulhan ne ye kaha kuch to ishara de mujhe.
Zindagi ban jaye meri kuch sahara de mujhe.

Fir ye yaad aaya ke quran saath me aaya tha jo.
Hal meri mushkil ka hoga usme likhha to zaroor.

Jab padha quran maine raaz khulta hi gaya.
Har nazar me deen ka paighaam khulta hi gaya.

Meri takleefo ko rab ne pal me onjhal kar diya.
Mujko mere haal me pahle se behtar kar diya.

22. Baraat..

Apne bistar pe tha mai or ho chuki thi khub raat.
Ittela usne kiya mujhko ki hai chalna baraat.

Ab kahun usse mai kya ki deen ka ghaazi hu mai.
Kaam me mashruf hu or namaazi hu mai.

Phir kaha ye nafs ne thodi si tu mohlat to de.
Zindagi bimaar hai jine ki tu fursat to de.

Baat uski maankar fir ho gaya tayyaar mai.
Jaan ki baazi lagane ho gaya tayyaar mai.

Mai nahaa kar ho gaya tayyaar jaane ke liye.
Fir lagaaya waqt kuch chahra banaane ke liye.

Eyebrow, daadhi banaayi or makeup bhi kiya.
Apni body ko phulaya or kasrat bhi kiya.

Fir sabhi tayyaar hokar aa gaye shaadi me jab.
Haal kya likhu bhala mai hone-waala kya hai ab.

Inquilaab

Har taraf hai be-hayaai jaan ke laale pade.
Jo shariful-nafs the unpar hawas waale pade.

Har taraf kya haal hai saare hawas ke hai aseer.
Aadmi beemaar hai saare hawas ke hai aseer.

Or nazre naa salaamat or fir wo ghoorna.
Misl hangaame ke hai jannat jahannam me banaa.

Kya zamaane ki wabaa hai khub jhamela hai
saif.
Deen chute chut jaaye par rasam chute na saif.

Kitni izzat kitni izzat aaj baaraati ki hai.
Naam sabke lab pe jaari aaj baaraati ki hai.

Ek din ka sher bankar fir baraati aaggaye. Raj karne sath
me dulha ke saathi aagaye.

Band pinjre me tha dulha ek choti kaar me.
Or fir bhaari tha sahra gulshano ke haar me.

Zindagi me bandagi ka haal tha kaisa ajeeb.
Har koi gaflat me hai jannat ka hai rasta ajeeb.

Jo hukam milta hai usko wo nhi manzur hai.

Baat aisi hai ki jeene ka yahi dastoor hai.

23. Kabristaan..

Ek din guzraa jo Kabristaan se.
Mujhko aayi khouf us bejaan se.

Zindagi ko mout ke ghar le chale.
Apni duniya me Asar lete chale.

Bas isi haalat me tha mai ghum kahii.
Itne me aayi sadaa aye Jaa-nashi.

Kyaa Tujhe gham hai ki hum sab Marr gaye.
Kaam se Chutti liya aur Ghar gaye.

Is Jahaa me noor ke dhaare bhi hai.
Aur fir douzakh ke Nazzare bhi hai.

Aalimo ke waaste jannat bhi hai.
Zaalimo ke waaste laanat bhi hai.

Nasihat mujhe aise karne lagaa.
Mujhe ashq bhar-bhar ke kahne lagaa.

Inquilaab

Ke aana yahaa saath samaan ke.
Tahaayef liye saath imaan ke.

Ghulaami nhi hai ye naa aish hai.
Sabhi marne waalo ka ye desh hai.

Yahaa har zakham ki Dawaa dastiyaab.
Jawaani me tum aa-gaye kyu janaab.

Maze loot-te the zamaane ke tum.
Musalmaan ho ke bhi Duniyaa me ghum.

Bhalaa kya Tumhaara Buraa bhi nhi.
Nahi aql Tumme zaraa bhi nhi.

Hadeese-Nabi se naa tha raabta.
Faqat be-hayaayi me tha mubtilaa.

Musalmaam momin ka saathi na tha.
Gunahgaar laakho tere Hamnawaa.

Mere ashk girte nhi aankh se.
Hui mujhko nafrat meri zaat se.

Isi gham me tha ki karaamat hui.

Inquilaab

Mai gaflat me tha aankh bhi khul gayi.

Ye hairat hai mujhko ko zindaa hu mai.
Mai aaya hu murdo se kaisa hu mai.

Bhalaayi ka samaan karna hai ab.
Khudaa ki itaaat pe marna hai ab.

Karungaa mai ahsaan Maa-Baap par.
Ke Bachho pe Budho pe khud Aap par.

Bhalaayi ka mai huqm Jaari karu.
Buraayi jo dekhu to mai rok du.

Sabhi ko daraaunga quraan se.
Nabi ki Hadeeso se Farmaan se.

Daro momino dhamkiyon se daro.
Ke Us roz ki sakhtiyon se daro.

24.Jugnu aur Mainaa..

Waqte-daraaz ho gayaa ik waqyaa suno.

Do dosto ki Dosti ka tazkiraa suno.

Maina thi ek uske the bachhe bhi teen chaar.

Sab bhuk se tadapte the hote the be-karaar.

Din-Raat Maa bhatakti thi Jangal me Be-khatar.

Fariyaad Rab se karti thi aankho me askq bhar.

Ek roz uske saath ajab haadsaa hua.

Jangal me thi akeli ke tufaan aa gaya.

Udte darakht jaise ke rooi pahaad par.

Phenka Ali ne Jaise tha kahibar Ukhaad kar.

Us roz udte-udte bohut door aa gayi.

Is tarha zindagi ka tasaana bataa gayi.

Aulaad ki wafaa me bohut gham uthaate hai.

Kya-kya na waalidain ne takleef paaye hai.

Inquilaab

Parde me chup gayaa jo do-Aalam ka Aaftaab.
Taarikiyaa bikhar gayi sahraa me behisaab.

Ghabraa ke bol utthi aye Moulaaye-qaaynaat.
Is bepanaah khouf se mujhko mile nijaat.

Waapas mai apne ghar ko bhala jaau kis tarah.
Is dil ke izteraab ko samjhaau kis tarah.

Dilme pukaara jis ghadi kuch ho idhar nazar.
Rastaa mujhe dikhaa de jahaa-Bhar ke Raahbar.
Ek roushni thi door kahi par chamak rahi.
Koi to aasraa tha andhere me us ghadi.

Itne me Jagmagaata wo aaya qareeb-Tar. Bolaa ki khairiyat
se ho biwi pukaar-kar.

Kyaa maajraa hai Tumko sataaya kisi ne hai.
Kyu kaanpti ho Tumko Daraaya kisi ne hai.

Boli nhi hai mujhko kisi aadmi ka darr.
Bas khouf hai to kaise bhalaa jaau apne ghar.

Jugnu ne muskuraa ke kahaa saath dijye. Mai chal rahaa hu
piche safar mere kijye.

Mainaa bhi shukr Rab ka adaa karke chal padi.
Dil me khayaal bachho ka aaya to ro padi.

Ghar aa gayaa nazar to ye boli pukaar kar.
Tujhko khudaa maqaam de saare jahaan par.

Sahraa me jagmagaana Ibaadat ka naam hai.
Bando ke kaam aana Muhammad ka kaam hai.

Momin nhi hai jisko zamaane ka gham nhi.
Bandaa nhi hai jiski mohabbat qalam nhi.

Choti si deep jisse Do-Aalam me Noor ho.
Jugnu to ban ke jisse Andheraa bhi door ho.

25. Mehangaai..

Har taraf zaalim khade hai.
Zulm ka wyapaar hai.

Zindagi aaye kaha se. Zindagi par waar hai.

Koi hai shaaho gada.
Sultaane-aalam hai koi.

Waqt ka sardaar hai.
Taaqt me purnam hai koi.

Fir jo haajat-mand hai.
Unki to kuch ginti nhi.

Ji rahe hai khwaab lekar.
Zindagi banti nhi.

Har taraf zillat hai saifi.
Mout ka farmaan hai.

Inquilaab

Paas mere hai andhera.
Aur Roushni badnaam hai.

Har taraf hai roushni.
Aur aag bhi har-jaa laga.

Jee rahe hai sab isi me.
Koun hai zinda bhala.

Zindagi beemaar hai.
Aur khwab hai kahta hua.

Saare aansu bah gaye.
Insaan zinda rah gaya.

Koi to "Musaa" mile.
Ab hai labo par ye duaa.

Ya khuda zillat de unko.
Hai jo zulmat ke nisha.

Bekaso ki laaj rakhle.
Bhej de wo rahnuma.

Wo salebi fouj ki.

Takaat ko Jo karde tabaah.

Hissaye dom "Naat"

26. Marsiyaah..

Yu raqam karta hai ek raawiyo maghmunohazee.

Ek Dulhaa liye jaata tha baraat apni kahii.

Wahbe-qalbi tha laqab tha wo ghulaame shaheDee.

Door se aayi nazar usko jo maqtal ki zamee.

Dil me Shabbir ke giryaa ka asar hone laga.

Dekh kar ganje-shaheedaa ki taraf rone laga.

Ek Zameedaar khadaa tha ye kiya usse kalaam. Kiski ye
fouj hai or kiske ye Laashe hai tamaam.

Sunke wo shakhs pukaara ke hai rone ka maqaam.

Hai ye jallaad jo khainche hue shamshire hai Aur zahra ke
morakke ki ye Tasweere hai.

Ye jo zakhmi hai khadaa khaaya hua nezaoTeer.

Hai Sakhi-Ibne-Sakhi aur Ameer-Ibne-Ameer.

Hai yahi teen shabo-roz ka pyaasa Shabbir.

Ab talaq subhaa se lutaa gayaa baaghe zahraa.

Ab ye be-rahm bujhaate hai charaaghe zahra.

Kya wo tanhaa hai jo islaam ke shaidaai hai.

Karbala thodi si hi khoon se bhar-aayi hai.

Ek jawaa unkaa bhatijaa tha Hasan ka betaa.

Shaam ko dulhaa banaa subhaa shaheedo me mila.

Apne armaano ko seene me fanaa kar daala.

Apne Har khwaab ko Moula pe fidaa kar daala.

Unkaa laasha bhi nhi shaah ne dikhlaai thi.

Kitne Tukdo me chacha-jaan ko mil paayi thi.

Aur ek Bhai tha Abbas ba-misle safdar.

Jiski Haibat se laraz uthta tha baatil ka jigar.

Be-saro- Dast padi laash hai wo Dariyaa par.

Abr hotho se lagaataar to fir aaya ye khayaal.

Bachhiyaa pyaasi hai mai peelu kahaa hai ye majaal.

Bhar ke fir mashk chale teero ko khaate saifi.

Aasra mashke safinaa thi sabhi pyaaso ki.

Mashk ke chidne pe fir aankho se aansu aaye.

Inquilaab

Kaam fir dariyaa pe Abbas ke baazu aaye.

Unke jaane pe ajab shaah ko ye dard huaa.

Bole Abbas qamar meri kahaa tod gayaa.

Aur ek Betaa tha atthaara baras ka Akbar.

Jiske Deedaar pe qurbaan sabhi jinno-Bashar.

Jab kiyaa fouje layeena se ye Akbar ne qalaam.

Kyaa ye Aadaabe payambar hai bataao to tamaam.

Aayi aawaaz ye hamshakle Nabi lagata hai. Hu-ba-Hu
chahra to sarkaar ka hi lagta hai.

Shimr bolaa ki naa ghabraao Ali-Akbar hai.

Barchiyaa maaro ise ye nahi paighambar hai.

Khune Haidar ka jo Maidaan me izhaar kiyaa.

Mere Akbar ne hazaaro ko tahe Naar kiyaa.

Apni shamshir se Islaam ko purnam karke.

Ho nazar Baaba idhar jaan diya ye kahke.

Sabr ki koi agar Hadd hai to Shabbir hi hai.

Ishq ki koi agar Hadd hai to shabbir hi hai.

Ye jo Taareekh hai ye khoon se likhha saifi. Mere Shabbir
ne par sar naa jhukaaya saifi.

Taajo-shohrat ki nhi jang Khilaafat ki thi.

Raahe Touheed pe Duniyaa ki imaamat ki thi.

27. Mustafaa Mustafaa..

Mustafaa mustafaa Sayyidul anbiyaa.
YA Nabiye khudaa Mustafaa mustafaa.

Aap aaye yahaa Rahmate aagayi.
Aapke naam chidiyon ne Naate padhi.
Aapke Husn se khil uthi Do-jahaa.

Mustafaa mustafaa Sayyidul anbiyaa.
YA Nabiye khudaa Mustafaa mustafaa.

Dekh kar aapko But ne Qalma padhaa.
Aapke naam phuulo ne Ngmaa padhaa. Zulm thandaa hua
Machliyon ne kahaa.

Mustafaa mustafaa Sayyidul anbiyaa.
YA Nabiye khudaa Mustafaa mustafaa.

Jinki Baato se Rote hue has pade.
Ghamke maare bhi jisko duaaye kare.
Aise pyaare ki taareef kya ho bayaa.

Mustafaa mustafaa Sayyidul anbiyaa.
YA Nabiye khudaa Mustafaa mustafaa.

Besahaaro ko jisne sahaara diyaa.
Qalmaye-laa-ilaaha ka Naara diyaa.
Jisne Bhatke huo ko kinaara diyaa.

Mustafaa mustafaa Sayyidul anbiyaa.
YA Nabiye khudaa Mustafaa mustafaa.

Bu-jahal ne kahaa kaise maanu bhala.
Chaaand ko kardo tukde to fir du bayaa.
Jab ishaara kiyaa chaand Tukde huaa.

Mustafaa mustafaa Sayyidul anbiyaa.
YA Nabiye khudaa Mustafaa mustafaa.

Aapke Husn se shams Roushan huaa.
Har zamaane me phailaa kalaame khudaa.
Aandhiyon se bujhe-gaa naa ab ye diyaa.
Mustafaa mustafaa Sayyidul anbiyaa.
YA Nabiye khudaa Mustafaa mustafaa.

28. Apne Maa-Baap ka tu..

Apne Maa-Baap ka tu dil naa dikhaa dil na dikhaa.

Zindagi jisne diyaa usko na aise tadpaa.

Tere rone se machal jaati thi Ammi teri.

Tere hasne se jo muskaati thi Ammi teri.

Unke aankho ko naa aansuo ka Tohfaa de naa.

Apne Maa-Baap ka tu dil naa dikhaa dil na dikhaa.

Zindagi jisne diyaa usko na aise tadpaa.

Sard raato ko bhi uth-uth ke tujhe pyaar kare.

Teri khaatir ko wo Raato ko bhi Anwaar kare.

Unkaa dil todke Nadaan na itnaa itraa.

Apne Maa-Baap ka tu dil naa dikhaa dil na dikhaa.

Zindagi jisne diyaa usko na aise tadpaa.

Baabe-Jannat hai agar Baap to Jannat hai Maa.

Inki Taazeem hai Allah ke quraa me bayaa.

Inquilaab

Inki khidmat me luta apna-jahaa apna-jahaa.

Apne Maa-Baap ka tu dil naa dikhaa dil na dikhaa.
Zindagi jisne diyaa usko na aise tadpaa.

Teri khaatir jo namaazo me duaaye maange.
Teri Ulfat me jo khud Teri balaaye maange.
Unse ikhlaaq me nadaan Tu galat naa dikhaa.

Apne Maa-Baap ka tu dil naa dikhaa dil na dikhaa.
Zindagi jisne diyaa usko na aise tadpaa.

Jo tere yaad me rote hai zaraa haal to le.
Apne Maa-Baap ka aye saifi Tu Ahwaal to le.
Ye jo Raazi to Nabi Raazi hai Raazi hai Khudaa.

Apne Maa-Baap ka tu dil naa dikhaa dil na dikhaa.
Zindagi jisne diyaa usko na aise tadpaa.
29.Tere Dar ke siwaa Aur jaaun kahaa.

Meri takdeer ko tu bana de khuda.
Tere dar ke siwaa aur jaau kahaa.

Tu hai mushkil kusha tu hai hajat rawa.
Saari Duniyaa me teri hukumat khuda.

Teri marzi se duniya ke sab kaam hai.

Sab zamane se ooncha tera naam hai.

Meri bigdi banaane ko aa jaiye.

Humko jannat ki raho pe chalwaaiye.

Ho nigaahe karam malike do jahaa.

Meri takdeer ko tu bana de khuda.

Tere dar ke siwaa aur jaau kahaa.

Tune moosa ko dariya me rasta diya.

Aur firoun ko gark bhi kar diya.

Aur fir kashtiye nooh ko thaam kar.

Saare zaalim zamana fanaa kar diya.

Apne bando ki fariyaad sunta hai tu.

Beshaaro ki rudaad sunta hai tu.

Humpe ho jaaye rahmat bhari ek nigah.

Meri takdeer ko tu bana de khuda.

Tere dar ke siwaa aur jaau kahaa.

Teri rahmat ke hum sab talabgaar hai.

Tu shifaa Or hum saare beemaar hai.

Anbiya aulia tere bande hai sab.

Unki azmat hai rifat hai tere sabab.

Dilme imaan ki lau jalaa dijye.

Nek Bando ke raste chalaa dinye.

Sabki mushkil kushaayi karo aye khudaa.

Inquilaab

Meri takdeer ko tu bana de khuda.

Tere dar ke siwaa aur jaau kahaa.

Zindagi mout sab teri mohtaaj hai.

Inteha tujhpe hai tu hi aaghaz hai.

Jitne zaalim zamane the sab mit gaye.

Apni taaqat pe ab kya unhe naaz hai.

Zulm waalo ke shar se bachaa lijiye.

Unse ladne ki taaqat ataa kijiye.

Ho hame bhi mohammad sa jazbaa ataa.

Meri takdeer ko tu bana de khuda.

Tere dar ke siwaa aur jaau kahaa.

30. Ye bil-yakee Hussain hai..

Ye bil yakee Hussain hai nabi ka noore-ain hai Hussain hai
Hussai Nabi ka noore-ain hai.

Libaas hai phataa hua gubaar me ataa huaa.

Tamaam jisme-naaznee kataa hua chidaa hua.

Ye Koun zee-waqaar hai bala ka Shah-Sawaar
hai.

ke hai hazaar qaatilo ke saamne data huaa.

Ye bil yakin Hussain hai nabi ka noore-ain hai.

Hussain hai Hussai Nabi ka noore-ain hai.

Ye koun haq parast hai maye-razaaye mast hai.

Ke jiske saamne koi Buland hai na past hai.

Udhar ajeeb gaat hai magar ajib baat hai. ke ek se hazaar
ka bhi Housla shikasht hai.

Ye bil yakin Hussain hai nabi ka noore-ain hai.

Hussain hai Hussai Nabi ka noore-ain hai.

Udhar Sipaahe-shaam hai hazaar intezaam hai.

Inquilaab

Udhar hai dushmanane- dee idhar fakat imam
hai.
Ye koun saahkaar hai safire zulfikaar hai.
Wo koun hai ki jispe saare anbiya nisaar hai..

Ye bil yakin Hussain hai nabi ka noore-ain hai.
Hussain hai Hussai Nabi ka noore-ain hai.

Hai bhook-Pyaas ki ghadi magar labo pe kuch nhi.
Sadaaye haq ke waaste luta diya hai jaan bhi.
Ye ishq ka makaam hai Nabi ka ahteraam hai.
Khuda Ke Saamne jhukega sar tera payaam hai.

Ye bil yakin Hussain hai nabi ka noore-ain hai.
Hussain hai Hussai Nabi ka noore-ain hai.

Yazeed kaarsaaz hai sitamgaro ka raaj hai.
Shariyate rasool aaj zaalimo ke haath hai.
Magar kisi ko dard hai jahaa me koi mard hai-
Wafaa kiya Hussain he wafaa ke wo imaam hai.

Ye bil yakin Hussain hai nabi ka noore-ain hai.
Hussain hai Hussai Nabi ka noore-ain hai.

31. Rounake Bazme jahaa..

Rounake Bazme-jahaa mahbube-daawar aa gaye.

Muntazir thi jiski Duniyaa wo payambar aa gaye.

Jisne Jag me Aadmi ko Aadmiyat bakhsh di. Jisne mitti ko
bohut Aala fazeelat Bakhsh di.

Jisko quraa di gayi wo qul ke Rahbar aa gaye.

Rounake Bazme-jahaa mahbube-daawar aa gaye.

Muntazir thi jiski Duniyaa wo payambar aa gaye.

Jisne Qaabe ko chudaaya sainkdo shaitaan se.

Jisne maani haar naa aandhi se naa Tufaan se.

Jinke Dam se hai Ujaala wo munawwar aa gaye.

Rounake Bazme-jahaa mahbube-daawar aa gaye.

Muntazir thi jiski Duniyaa wo payambar aa gaye.

Be-sahaaro ke sahaara ban gaye mere Nabi.

Har kisi ke Aankh ka taara bane mere Nabi.

Do Jahaa ke rahnumaa Moula ke Dilbar aa gaye.

Inquilaab

Rounake Bazme-jahaa mahbube-daawar aa gaye.

Muntazir thi jiski Duniyaa wo payambar aa gaye.

Jinko sultaane jahaa ka martaba Rab ne diyaa.

Unka bistar hai chataai hai ye mere Mustafaa.

Jo imaamul Anbiaa hai haa wo sarwar aa agye.

Rounake Bazme-jahaa mahbube-daawar aa gaye.

Muntazir thi jiski Duniyaa wo payambar aa gaye.

Unke saathi Marhaba unpar padhe laakho salaam .

Wo khudaa ke ho chuke the kuch na tha duniya se kaam.

Jab-Jab pukaara Mustafa ne sab sahaaba aa gaye.

Rounake Bazme-jahaa mahbube-daawar aa gaye.

Muntazir thi jiski Duniyaa wo payambar aa gaye.

Gham sahe sarkaar ne Ummat ko naa di badduaa.

Shukre-Rab karte rhae har-dam yahi jaati sadaa.

Chot khaakar de duaaye wo bahadar aa gaye.

Rounake Bazme-jahaa mahbube-daawar aa gaye.

Muntazir thi jiski Duniyaa wo payambar aa gaye.

32. Muhammad hamaare..

Muhammad hamaare sabhi ke hai pyaare.

Sab-hi ke pyaare Muhammad hamaare. Muhammad
Muhammad Muhammad.

Muhammad Muhammad Muhammad.

Har-ek zindagi ka sahaara bane hai.

Wo andho ki khaatir nazaara bane hai.

Unhi ne charaaghe mohabbat jalaaya.

Unhi ne jahaalat ko jadd se mitaaya.

Muhammad Muhammad Muhammad.

Muhammad Muhammad Muhammad.

Muhammad hamaare sabhi ke hai pyaare.

Sab-hi ke pyaare Muhammad hamaare.

Ghareebo yateemo ka chamkaa sitaara.

Wo aaye Do-aalam ka bankar sahaara.

Jise Baadshah do-jahaa ka banaaya.

Wo sultaane-Aalam hai aaqa hamaara.

Muhammad Muhammad Muhammad.

Muhammad Muhammad Muhammad.

Muhammad hamaare sabhi ke hai pyaare.

Sab-hi ke pyaare Muhammad hamaare.

Wo rote hui ko hasaane chale.

Khudaa ek hai ye bataane chale.

Tumhaara Khudaa bas wahi ek hai.

Usi ki ibaadat karaane chale.

Muhammad Muhammad Muhammad.

Muhammad Muhammad Muhammad.

Muhammad hamaare sabhi ke hai pyaare.

Sab-hi ke pyaare Muhammad hamaare.

Zamaane ne samjha nhi Mustafaa ko.

Bohut di aziyat Nabi-uz-zamaa ko. Kabhi sang se aap par
waar kar ke.

Kabhi aap ki Aal ko qatl karke.

Muhammad Muhammad Muhammad.

Muhammad Muhammad Muhammad.

Muhammad hamaare sabhi ke hai pyaare.

Sab-hi ke pyaare Muhammad hamaare.

33. Haidar Haidar..

Haidar Haidar Haidar Haidar.
Haidar Haidar Haidar Haidar.

Hai ilm ka darr Haidar Haidar.
Ahmad ka fakhar Haidar Haidar.
Imaan ka ghar Haidar Haidar.
Himmat ka shajar Haidar Haidar.
Sardaar Abu-Taalib ka pisar.

Haidar Haidar Haidar Haidar.
Haidar Haidar Haidar Haidar.

Musaa ki jalaalat chahre par.
Isaa ki imaamat chahre par.
Daawood ki taaqat chahre par.
Yusuf ki sakhaawat chahre par.
Hai saare Rasulo ka Noukar.

Haidar Haidar Haidar Haidar.
Haidar Haidar Haidar Haidar.

Bu-bakr ka hamsar hai Haidar.

Faaruk ka rahbar hai Haidar.

Usmaan hai jiska Noore-Nazar.

Salmaan Jise bole sarwar.

Hai saare sahaaba ka dilbar.

Haidar Haidar Haidar Haidar.

Haidar Haidar Haidar Haidar.

Wo shere-khudaa kahlaata hai. sarkaar pe jaan lutaata hai.

Wo zakhm hazaar uthaata hai.

Wo sabr ko sabr karaara hai.

Hai jiska laqab faateh-khaibar.

Haidar Haidar Haidar Haidar.

Haidar Haidar Haidar Haidar.

Haarune-Muhammad hai Haidar.

Aur Jaane Muhammad hai Haidar.

Imaan mohabbat hai jiski.

Quraan hi seerat hai jiski.

Hai bughze-Ali douzakh ka samar.

Haidar Haidar Haidar Haidar.

Haidar Haidar Haidar Haidar.

34. Aye khudaa hum to tere..

Aye khudaa Hum to tere aashiqo pe marte hai.
Ho karam Humpe zaraa Aas tujhse karte hai.

Bazme-mahfil naa mile.
Gouhare-Dil naa mile.
Saath ho Moulaa meraa.
Bas Duaa ye karte hai.

Aye khudaa Hum to tere aashiqo pe marte hai.
Ho karam Humpe zaraa Aas tujhse karte hai.

aaz-daano me nahi.
Mahr-baano me nahi.
Khaake-qarbal me rahe.
Aarzu ye karte hai.

Aye khudaa Hum to tere aashiqo pe marte hai.
Ho karam Humpe zaraa Aas tujhse karte hai.

Mujhko Deewaana kaho.
Ya to kahdo paagal.
Ab to Aalam hai ki hum.
Khudse Baate karte hai.

Aye khudaa Hum to tere aashiqo pe marte hai.
Ho karam Humpe zaraa Aas tujhse karte hai.

Lafze-Quraan se ab.
Mujhko Aata hai sukuu.
Dil-ke ye zakhm tere.
Guft hi se bharte hai.

Aye khudaa Hum to tere aashiqo pe marte hai.
Ho karam Humpe zaraa Aas tujhse karte hai.

35. Mere-dilko Jannat ke waade na kar..

Mere-dilko Jannat ke waade na kar.
Madine se Jaane ki Baate na kar.

Khudaa Jaanta hai ki kya hai Madina.
Hai jannat ki khushbu jahaa hai Madina.
Imaame-Do-Aalam ka hujrah jahaa par.
Mere Aamna-bi ka Betaa jahaa par.

Mere-dilko Jannat ke waade na kar.
Madine se Jaane ki Baate na kar.

Hai shahre munawwar bashad-shaahe anwar.
Hai saare sahaaba ke aaqa ka mahwar.
Wo siddeeq ka ghar, wo Faaruuk ka ghar.
Eo Usmaan ka ghar , wo Haidar ka ghar.

Mere-dilko Jannat ke waade na kar.
Madine se Jaane ki Baate na kar.

Inquilaab

Wo ansaar jisne ye naara diyaa hai.
Do-Aalam ke Dulhaa ko sahaara diya hai.
Ke unki mohabbat me lutaa daala ghar.
Bhalaa un wafaao ka mile kya samar.

Mere-dilko Jannat ke waade na kar.
Madine se Jaane ki Baate na kar.

Nabuwat ke parcham ka aaghaaz hai ye.
Risaalat ki khaatir hi Mumtaaz hai ye.
Ye Isaa ke Musaa ke Dulaare ka dar.
Ye Har besahaare ke sahaare dar.

Mere-dilko Jannat ke waade na kar.
Madine se Jaane ki Baate na kar.

Kiye moujze apne Rab ki razaa se.
Buto ke parasto ko milaaya Khudaa se.
Muhammad ne Taaro pe jo ki ek nazar.
Ishaaro se Aaqa ke huwaa shakk qamar.

Mere-dilko Jannat ke waade na kar.
Madine se Jaane ki Baate na kar.

36. Tamanna koun kare..

Jab shahre-Arab rahne ko mile.
To Jannat maangaa koun kare.

Jab tere sahaaba saathi ho.
Anjaam ko sochaa koun kare.

Jab Husne Muhammad saamne ho.
Huro ki Tamanna koun kare.

Jab Qaabe ka maalik aaye Nazar.
Fir Qaaba dekhaa koun kare.

Humraah tere Haidar chal-De.
Fir rastaa puchaa koun kare.

Jab arshe-Bari Tak Jaana ho.
Parwaaz me Thahraa koun kare.

Jab Deene-Khudaa phailaana ho.
Taadaad ki parwaa koun kare.

Musaa bhi koi ho jaaye khadaa.
Firoun ki pujaa koun kare.

Jazbaa hai faqat ye Hussaini me.
Sar Dhad se Utaara koun kare.

Jab Rahbare-Aazam saath me ho.
Manzil pe naa pohunchaa koun kare.

37. Kar itna karam..

Kar itna karam takdeer bane.

Dil saahibe manzil ho jaaye. Kaabe pe jhukaane sar Aaye.

Is kaam ke qaabil ho jaaye.

Quraan ke rah pe chalte rahe.

Imaan se rishta jud jaaye.

Touheed ki khaatir jang lade.

Fir hambhi abaabeel ho jaaye.

Kar itna karam takdeer bane.

Dil saahibe manzil ho jaaye. Kaabe pe jhukaane sat aaye.

Is kaam ke qaabil ho jaaye.

Ho ilm se naata is tarhaa.

Jo jism ka rishta rooh se hai.

Allah ki khaatir dam nikle.

Ye zouk bhi haasil ho jaaye.

Kar itna karam takdeer bane.

Dil saahibe manzil ho jaaye. Kaabe pe jhukaane sat aaye.

Inquilaab

Is kaam ke qaabil ho jaaye.

Wo zakhm jo aqsaa hai dil me.
Hum ishq me be dil ho jaaye.
Hum dam na mile hum dard koi.
Ye dard bhi kaamil ho jaaye.

Kar itna karam takdeer bane.
Dil saahibe manzil ho jaaye. Kaabe pe jhukaane sat aaye.
Is kaam ke qaabil ho jaaye.

Jab zulm se duniyaa kaanp uthe.
Us waqt me aadil ho jaaye.
Ye shaan ho deeno duniya me.
Baatil ke muqaabil ho jaaye.

Kar itna karam takdeer bane.
Dil saahibe manzil ho jaaye. Kaabe pe jhukaane sat aaye.
Is kaam ke qaabil ho jaaye.

38.Zameene-Baatil pe chand Naadaa..

Zameene baatil pe chand naadaa.

Alam khudaa ka uthaa rahe hai.

Wo zindagi se ulajh rahe hai.

Wo roushni me badal rahe hai. Har ek zulmo sitam ko
sahkar.

Ghamo me bhi muskuraa rahe hai.

Zameene baatil pe chand nadaa.

Alam khudaa ka uthaa rahe hai.

Chale hai moula ka naam lekar.

Khudaaye haq ka qalaam lekar.

Kisi bhi aandhi se naa bujhegaa.

Wo shammaye dee jalaa rahe.

Zameene baatil pe chand naadaa.

Alam khudaa ka uthaa rahe hai.

Inquilaab

Hai team apni namazi ghazi.
Qalam ke ustaad hai yahaa bhi.
Ye ilm ke kaarwaan lekar.
Jahaa me moti lutaa rahe hai.

Zameene baatil pe chand naadaa.
Alam khudaa ka uthaa rahe hai.

Meri sio ka kaam hai ye.
Meri sio ka jaam hai ye.
Akaamate deen ki tamanna.
Pe apni saanse lutaa rahe hai.

Zameene baatil pe chand naadaa.
Alam khudaa ka uthaa rahe hai.

Ye hum sabhi ka junoon kahiye.
Ke aasmaa ko jhukaa rahe hai.
Ye housla hai bahaadur ka.
Jhukaa nhi sar kataa rahe hai.

Zameene baatil pe chand naadaa.
Alam khudaa ka uthaa rahe hai.

Inquilaab

Ye daastaa bhi hamaari hogi.
Ye gulsitaa bhi hamaari hogi.
Ye gulshane ishq ke chaman se.
Gulo ki khushbu udaa rahe hai.

Zameene baatil pe chan nadaa.
Alam khudaa ka uthaa rahe hai.